Wie weit würdest *du* gehen?

Evelyn McFarlane / James Saywell

Wie weit würdest *du* gehen?

Teste deine Grenzen
Das Buch der provokativen Fragen

Fotos von Diana Stezalski

Aus dem Englischen
von Christine Dorn

Scherz

Die Originalausgabe erschien 1999 unter dem Titel
«How Far Will You Go» bei Villard, New York.

Erste Auflage 2001

Umschlaggestaltung: ja DESIGN, Bern:
Julie Ting & Andreas Rufer

Einleitung

Was ist das Besondere an deinem Leben? So oft haben wir die Gelegenheit zu hören, wie andere diese Frage beantworten, berühmte Leute, Leute, die außergewöhnliche Dinge tun oder denen interessante oder einzigartige Sachen passieren. Doch selten stellen wir uns selbst oder den Menschen, die wir gut kennen, diese Frage. Dabei ist unser so genannter Alltag voller außergewöhnlicher Erlebnisse, Herausforderungen, voller überraschender oder gar mutiger Entscheidungen, großer und kleiner.

Wir haben ein Buch der Fragen geschrieben, um all das herauszufinden, um die Ränder unseres Lebens zu entdecken, um uns nach unseren äußeren und inneren Grenzen zu fragen, denen, die wir schon erfahren haben, oder denen, auf die wir noch treffen werden.

Wenn das eigene Leben in gewisser Weise an der Spannbreite seiner Extreme gemessen werden kann, dann sind diese Fragen dazu gedacht, die überraschende Breite des Lebens jedes Einzelnen aufzudecken und das wahrhaft große Abenteuer Leben zu feiern. Nie vorherzusagen und immer in der Lage, uns zu erstaunen, bietet uns das Leben selbst die größten Überraschungen. – Teste dein eigenes Leben!

Welche Sache würdest du am liebsten auf der Welt ändern?

Was wünschst du dir im Moment am meisten?

Welches Wort charakterisiert dich am besten?

Wo hast du dich in deinem Leben besonders willkommen gefühlt?

Was war das Beste an deiner Jugend? Was das Schlechteste?

Wann und wo war es dir am peinlichsten, nackt zu sein?

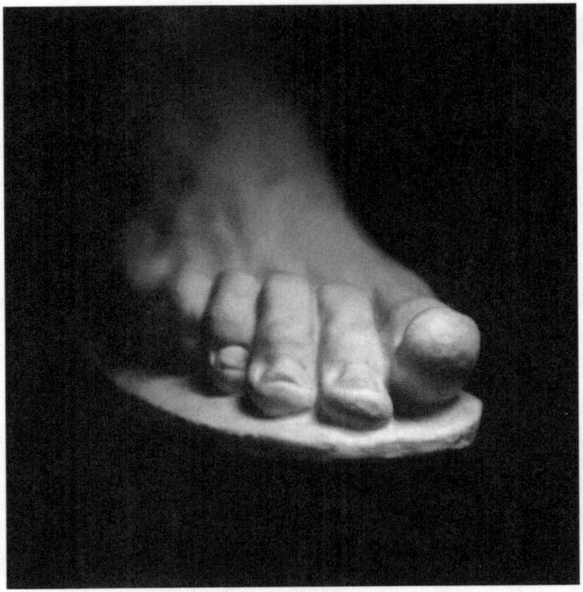

Wer war der interessanteste Mensch,
den du je getroffen hast?

Was war das Einfallsreichste, was du je als Erwachsener gemacht hast?

Was verstehen andere am wenigsten an dir?

Wann magst du dich selbst am liebsten?

Welchen Menschen vermisst du im Moment am meisten?

Was ist das Wertvollste, was du besitzt?

Welche Sache, die man nicht mit Geld kaufen kann,
erstrebst du am meisten in deinem Leben?

Welches waren deine schrecklichsten Ferien?

Was war der dreckigste Ort, an dem du je warst?

Wofür hättest du gerne mehr Sympathie?

Was ist für dich das beste Beispiel für Perfektion?

Welches ist dein Lieblingsgeschäft?

Was war das schwierigste Problem, das du je lösen musstest?

Was war dein enttäuschendstes sexuelles Erlebnis?

Wovon bist du am meisten überzeugt?

In welcher Situation in deinem Leben
musstest du am stärksten sein?

Welchen Menschen hast du am meisten ausgenutzt?

In welchem Zimmer bei dir zu Hause verbringst du am meisten Zeit?

Welches war das größte Unrecht, das dir je angetan wurde?

Welches Unrecht begehst du selbst am liebsten?

Für was wünschst du dir am meisten Vergebung?

Welcher Mensch, den du kennst, hat die reinste Seele?

Wofür wärst du bereit zu sterben?

Was war das beste Beispiel für wahre Leidenschaft,
das du je erlebt hast?

Welcher Mensch ist dir gegenüber am loyalsten?

Wer hat auf dich den stärksten ersten Eindruck gemacht?

In welcher Situation hat dich der Teufel am meisten geritten?

Welches Fach in der Schule hat sich für dein Leben
am sinnvollsten erwiesen?

Welcher Mensch, den du persönlich kennst,
hat die stärkste Persönlichkeit?

Was war die größte Ungerechtigkeit, die du je erfahren hast?

Wofür bist du am meisten dankbar?

Welches Wort hasst du am meisten?

Auf wen hast du den größten Eindruck
bei der ersten Begegnung gemacht?

Wann war dein Leben am meisten außer Kontrolle?

Wann hast du dich am ehrenhaftesten benommen?

Welcher Mensch ist dir am ähnlichsten?

Wer bringt dich am ehesten zum Lachen?

Was war das Wenigste, das du in der Öffentlichkeit je anhattest?

Wo wärst du im Moment am liebsten?

In welchem Bereich bist du am bescheidensten?

Wie wirst du Anspannung am besten los?

Welches Erlebnis hat dein Leben am meisten beeinflusst?

Über welches Thema würdest du am liebsten mehr wissen?

In welchem Gebiet wärst du am besten,
wenn du einen neuen Beruf ergreifen müsstest?

Was ist das Äußerste, das du aufgeben würdest,
um wahre Liebe zu finden?

Wessen Worte oder Taten kannst du am leichtesten voraussagen?

Wen hast du in deinem Leben am stärksten beschützen wollen?

Wessen Lächeln kann dich am leichtesten überreden oder verführen?

Was ist die strengste Strafe, die Eltern verhängen sollten?

An was sollen sich die anderen am meisten
nach deinem Tod erinnern?

Was findest du an der Liebe am schwierigsten?

Was ist das Gemeinste, was jemand je zu dir gesagt hat?

Welchen deiner immer wiederkehrenden Träume
magst du am liebsten?

Bei wem lässt deine Willensstärke nach?

Welches ist der schönste und welches der schrecklichste Brief,
den du je per Post bekommen hast?

Was ist das schwerste Vergehen, das du dir je hast zuschulden kommen lassen?

Wie würdest du eine Leiche loswerden?

Welches Verbrechen aus der Geschichte fasziniert dich am meisten?

Was ist dein stärkstes Argument gegen die Todesstrafe?

Wer war deiner Meinung nach der schwerste Verbrecher in der Geschichte?

Was war das Überraschendste, was du je gemacht hast?

Was war das heißeste Kleidungsstück,
das jemand je für dich getragen hat?

Wer war der schönste Mensch, mit dem du je geschlafen hast?

Wo würdest du dich nie piercen lassen?

Welches ist der beste Preis, den du je gewonnen hast?

Was war die schwerste Strafe, die du erdulden musstest?

Wann hast du am meisten Willensstärke gezeigt?

Wann brauchst du am meisten Aufmerksamkeit von deinem Partner?

Welches war deine größte Freud'sche Fehlleistung?

Wer war die dümmste Person, mit der du
mehr als einmal ausgegangen bist?

Wer ist am unmoralischsten in deiner Familie?

Wer unter deinen Freunden hat die schwächste Moral?

Wann kannst du dich am besten konzentrieren?

Wann warst du am ärmsten in deinem Leben?

Mit was verschwendest du am meisten Zeit
am Tag oder in der Woche?

Wovon hast du am wenigsten Ahnung?

Was auf der Welt wäre dir am wichtigsten geschützt zu werden?

Was ist der schlimmste Fluch, den du kennst?

Wessen Intelligenz hat dich in deinem Leben
am meisten eingeschüchtert?

Welcher Mensch nimmt deine Bedürfnisse am besten wahr?

Was war das schwierigste Geständnis, das du je machen musstest?

Wer verdient deine Liebe am meisten?

Welches Verbrechen warst du am meisten versucht zu begehen?

Was für ein Leben fändest du am interessantesten?

Was ist das Schrecklichste, was dir jemand, den du liebst, je angetan hat?

Welcher Teil deines Alltags erfordert die meiste Geduld?

Zu welchem Zeitpunkt in deinem Leben hattest du am meisten Geld?

Welche Arbeit hat dir am wenigsten Spaß gemacht?

Was war das Spontanste, was du je getan hast?

Vor welchem Menschen hast du dich am meisten gefürchtet?

Wer war der unattraktivste Mensch,
von dem du dich je angezogen gefühlt hast?

Wann warst du am wenigsten tugendhaft in deinem Leben?

Was findest du am schwersten zu vergeben?

Was war deine schwierigste Trennung?

Mit welchem Wort lässt sich deine Heimat am besten beschreiben?

Welche politische Entscheidung hältst du im Moment
für die wichtigste?

Welcher Politiker hat deiner Meinung nach
am meisten für sein Land erreicht?

Bei welchem politischen Thema reagierst du am empfindlichsten?

Welche deiner eigenen Fähigkeiten erwartest du
am meisten auch bei einem Politiker?

Was ist das Unerklärlichste, was du je erlebt hast?

Was war das Perfekteste, was du je geschaffen hast?

Wann hattest du das geringste Selbstwertgefühl?

Wann hat man dir am wenigsten Dankbarkeit gezeigt?

Wann bist du nicht «politisch korrekt»?

Wer ist die Person, an der du dich am liebsten rächen würdest?

Worauf bist du in deiner Familie am wenigsten stolz?

Was war der beste Rat, den du je bekommen hast?

Was wäre der beste Rat gewesen, dem du aber *nicht* gefolgt bist?

Wessen Leben bewunderst du am meisten?

Wessen Leben bedauerst du am meisten?

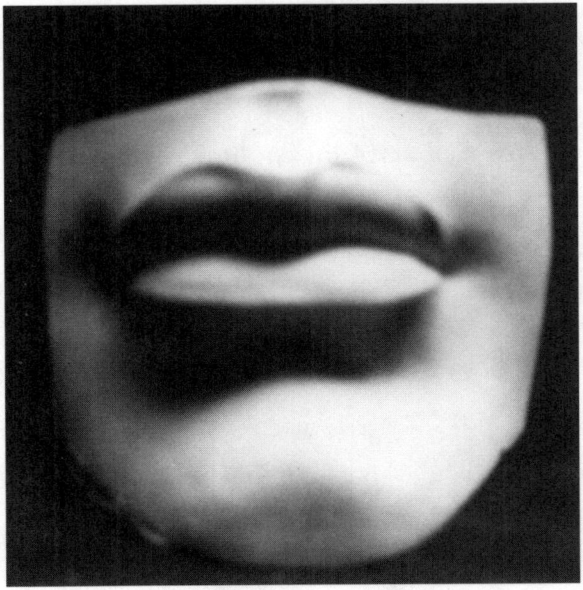

Bei was in deinem Leben
warst du am naivsten?

Was war bisher die größte Leistung in deinem Leben?

Worüber weißt du am besten Bescheid?

Welche Art von Feigheit verabscheust du am meisten?

Was ist das Feigste, was du selbst getan hast?

Was war der größte Streit, den du je mit jemandem hattest?

Wer hat dich am meisten in deinem Leben enttäuscht?

Welches Thema besprichst du am wenigsten gern
mit einem Liebhaber?

Welche Feierlichkeit hat dich am meisten in deinem Leben bewegt?

Wer ist der Mensch mit dem unabhängigsten Geist, den du kennst?

Was war das Beste, was du morgens je in den Mund
genommen hast?

Was war die schwierigste Wahl, die du je treffen musstest?

Was ist das schrecklichste Geräusch, das du kennst?

Welche Erfahrung hat dich am weisesten werden lassen?

Was war die grausamste Erfahrung in deinem Leben?

Was schmeckt dir am besten?

Wann warst du am wenigsten, wann am meisten selbstsüchtig in deinem Leben?

Was war der schlimmste Verrat, der dir angetan wurde?

Was war das Gemeinste, was du jemand angetan hast?

Was war die schwierigste Entscheidung, die du je treffen musstest?

Bei welcher Sache hast du am meisten Geschmack bewiesen?

Was war das Wertvollste, das du je verloren hast?

Worüber würdest du am liebsten Macht haben?

Was ist das Wichtigste bei einem Freund?

Was ist der größte Vorzug an deinem besten Freund
oder deiner besten Freundin?

Was war der größte Gefallen, den dir ein Freund je getan hat?

Was war das Schmerzhafteste, was du je einem Freund
sagen musstest?

Welches ist das häufigste Problem bei Freunden deines Alters?

In welchem Bereich deines Lebens bist du am wenigsten zu Änderungen bereit?

Was ist der größte Charakterfehler eines Freundes, den du noch akzeptieren kannst?

Was ist das Schlimmste, was du einem Freund angetan hast?

Welche Sache, die einer deiner Freunde hat, hättest du gerne selbst?

Was war das beste Spielzeug, das du je hattest?

Wann hast du dich in deinem Leben am einsamsten gefühlt?

Welche Sache würdest du in deinem Leben am liebsten abschaffen?

Was ist dein stärkstes Gefühl?

Was ist die intimste körperliche Berührung
durch jemand anderen als deinen Partner oder deine Kinder,
bei der du dich noch wohl fühlst?

Wann hast du die größte Ausdauer in deinem Leben gebraucht?

Was war das beste Geschenk, das du je gemacht hast?

Wann warst du am meisten über dich selbst enttäuscht?

Was ist das mindeste, was du von deinen Kindern erwartest, wenn sie mal erwachsen sind?

Was war deine kürzeste Zeit zwischen zwei Orgasmen?

Welchen Menschen hast du am meisten in deinem Leben gehasst?

Welches Gesetz würdest du am liebsten ändern?

Was ist die heftigste Begierde, die dich überfällt?

Was ist das Schlimmste an der Tatsache, heute zu leben?

Was hat dich in deinem Leben am meisten enttäuscht?

Welcher deiner Freunde ist am geizigsten?

Welche Arbeit findest du am lohnendsten?

Was ist die beste Einstellung zum Tod?

Was ist die beste Art, Selbstmord zu begehen?

Welches war der längste Tag in deinem Leben?

Welches war das beste Jahr in deinem Leben?

Was war der kürzeste Zeitraum, in dem du jemand kennen gelernt hast und mit ihm ins Bett gegangen bist?

Was war der größte Zufall in deinem Leben?

Wer ist die erstaunlichste Frau, die du kennst?

Wie alt willst du werden?

Was war das unverdienteste Lob, das du je bekommen hast?

Welcher Streit, den du hattest, hatte die katastrophalsten Folgen?

Was war deine beste Erfahrung in der Schule?

Was ist die netteste Unvollkommenheit deines Partners?

Was ist die beste Position beim Sex?

Welchen Menschen hast du in deinem Leben am meisten unterstützt?

Welches Kompliment, das du bekommen hast,
hat dir am meisten bedeutet?

Was ist die schlimmste Armut, die du je gesehen hast?

Was – außer Geld – ist das Beste, was man erben kann?

Was ist dein bestes Argument dafür, dass du das Geld,
das du bekommst, auch wirklich verdienst?

Wie viel Geld müsstest du mindestens besitzen,
um dich als reich zu bezeichnen?

Welches Geld hast du am leichtesten verdient?

Was war das Schlimmste, was du wegen Geld getan hast?

Was war das meiste Geld, das du je zum Fenster herausgeworfen hast?

Wie arm könntest du sein und dich immer noch glücklich fühlen?

In welcher Weise hast du deine Eltern als Jugendliche oder Jugendlicher am meisten beunruhigt?

Was fändest du am schwierigsten, wenn du im Gefängnis säßest?

Was ist das Befriedigendste, was du jeden Tag oder jede Woche tust?

In welchen Menschen bist du am meisten vernarrt gewesen?

Was ist die Sache, auf die du am stolzesten in deinem Leben bist?

Was war das größte Vorurteil, das dir je entgegengebracht wurde?

Welcher Neigung gibst du jeden Tag oder jede Woche am häufigsten nach?

Von welcher Sache möchtest du am liebsten, dass sie morgen passiert?

Was war dein schlimmstes sexuelles Erlebnis?

Was ist das Größte, was du je gestohlen hast?

Wann an deinem Tag vergeht die Zeit am langsamsten?

Wann an deinem Tag vergeht die Zeit am schnellsten?

Wessen Gedanken würdest du am liebsten lesen können?

Was ist die größte Sünde, die du je begangen hast?

Wen aus deiner Familie mochten oder mögen deine Eltern am liebsten?

Welches Gefühl hat dir am meisten wehgetan?

Welchen Menschen würdest du am wenigsten gern anfassen?

Welchen Menschen, den du kennst, würdest du gerne nackt sehen?

Was ist der größte Charakterfehler,
den du von deinen Eltern geerbt hast?

Was war der peinlichste Moment in deinem Leben?

Welchen Menschen würdest du gerne quälen?

Mit welchem deiner Freunde bist du am seltensten einer Meinung?

Was ist deine größte Tugend?

Was hast du verloren, was du am liebsten wieder zurück hättest?

Was ist die wichtigste Handlung, die du je unternommen hast?

Was ist das beste Ritual in deinem Leben?

Wer ist der Mensch, dem du am liebsten helfen würdest?

Was ist das Schlimmste, was du je zu deiner Mutter gesagt hast?

Was war das größte Risiko, das du je eingegangen bist?

Was war das Frechste, was du je getan hast?

Was war das Frechste, was du gerne getan hättest?

Was ist das Schlimmste an deiner momentanen Arbeitsstelle?

Was ist das Beste an deiner momentanen Arbeit?

Was war die nützlichste Arbeit, die du je hattest?

Wie viel Gehaltsreduzierung würdest du akzeptieren, um eine Stelle zu bekommen, die dir mehr Spaß macht?

Was ist das Beste und was das Schlechteste an deinem Chef?

Welcher Mensch hat deine beruflichen Entscheidungen am meisten beeinflusst?

In welchem Bereich deiner Arbeit bist du am schwächsten?

Was ist deine besondere Stärke bei deiner Arbeit?

Was ist das geringste Gehalt, das du bei deiner momentanen Arbeit akzeptieren würdest?

Was ist der größte physische Schaden,
den du je jemand zugefügt hast?

Was war die genauste Vorhersage,
die du je gemacht oder gehört hast?

Was war das schönste Geräusch, das du je gehört hast?

Was war der erotischste Geruch, den du gerochen hast?

Was war die größte Überraschung, die du je im Bett erlebt hast?

In welchem Jahr deines Lebens hast du dich am meisten geändert?

Mit wem hättest du am liebsten eine Affäre gehabt?

Was ist das Schlimmste, was du über die Persönlichkeit deines Kindes hören könntest?

Was war die ekelhafteste Sache, die du je tun musstest?

Welche Fähigkeit deines Vaters hättest du am liebsten?

Wann bist du dem Tod am nächsten gekommen?

Welchen Menschen, den du nie berührt hast,
hättest du gerne angefasst?

Was beneidest du am meisten an einem deiner Verwandten?

Was war das Beste, was du je umsonst bekommen hast?

Bei welcher Gelegenheit fällt es dir am schwersten,
die Wahrheit zu sagen?

Welchen deiner Freunde hast du am meisten
um seine Eltern beneidet?

Was würdest du gerne stehlen?

Was schätzt du am wenigsten an deinem Vater?

Was kannst du am besten?

Welchen Traum wirst du nie vergessen?

Was ist das Originellste, was dein Partner oder deine Partnerin je getan hat?

Bei welcher Gelegenheit hast du deinen Augen am wenigsten getraut?

Welcher deiner Freunde hat die meiste Macht?

Was war das Verrückteste, das du je
in der Öffentlichkeit gemacht hast?

Von welchem Menschen hast du am meisten
in deinem Leben gelernt?

Was ist das Schlimmste, was du jeden Morgen tun musst?

Welche Erfindung des zwanzigsten Jahrhunderts
hatte den größten Einfluss auf dein Leben?

Was war die wichtigste Sache, die du gelernt hast?

Was war der glücklichste Moment in deinem Leben?

Wofür hast du einen schlechten Ruf?

Wofür hast du einen guten Ruf?

Wofür bist du verschrien, ohne es zu verdienen?

Wie viel Geld müsste man dir mindestens zahlen,
damit du bereit wärst, nie mehr
in deinem Leben mit jemandem zu schlafen?

Mit welchem Menschen bedauerst du am meisten geschlafen zu haben?

Was war der erotischste Moment in deinem Leben?

In welchem Alter sollten Menschen frühestens Sex miteinander haben?

Was ist das früheste Alter, in dem du sexuelle Erfahrung bei deinen Kindern akzeptieren würdest?

Was ist der längste Zeitraum, in dem du keinen Sex hattest?

Was war die schwierigste Entschuldigung
in deinem Leben?

Was war der merkwürdigste Ort, an dem du je Sex mit jemand hattest?

Welcher der Menschen, die du kennst, hat das natürlichste Stilempfinden?

Welche Sache in deinem Leben hat deiner Gesundheit den größten Schaden zugefügt?

Welche Sache hat deiner Gesundheit am besten getan?

Wann in deinem Leben hast du am meisten Mut bewiesen?

Wer war dein bester Liebhaber?

Mit welchem Menschen bist du am ehrlichsten?

Wie viel Geld würdest du dafür ausgeben, herauszufinden,
ob dein Partner dich betrügt?

Welchen Menschen kannst du am schwersten zufrieden stellen?

Welchen Menschen kannst du am leichtesten ärgern?

Was war das schwierigste Geheimnis, das du je wahren musstest?

Wofür wirst du am meisten unterschätzt?

Wer hat dir am meisten über guten Sex beigebracht?

Was ist dir am heiligsten in deinem Leben?

Wie viel Zeit könntest du mit deinem Partner oder deiner Partnerin auf einer einsamen Insel verbringen, bevor du die Gesellschaft anderer vermisst?

Für was in deinem Leben
fühlst du dich am meisten schuldig?

Was ist die größte Lüge, die du je erzählt hast?

Was ist die beste Lüge, die du je erzählt hast?

Was ist die größte Bestechung, die du je angenommen hast?
Was ist die größte, die du je gemacht hast?

Was würdest du am liebsten vergessen?

Was ist die Sache, die du wahrscheinlich
nie in deinem Leben vergessen wirst?

Was ist das größte Opfer, das du je gebracht hast?

Was ist das Angenehmste bei dir zu Hause?

Was würdest du am meisten
dem anderen Geschlecht beibringen wollen?

Was ist der größte Mythos über Sex?

Bei welcher Gelegenheit bist du am scheinheiligsten gewesen?

Mit welchem Menschen ist es am einfachsten, zusammen zu sein?

Was ist dein größter Selbstzweifel?

Was waren deine höchsten Schulden bisher?

Was war die größte Summe Bargeld, die du je in der Hand hattest?

Was war der furchtbarste Typ, mit dem du dich je getroffen hast?

Was hast du bisher in deinem Leben am meisten bereut?

Was ist die Sache, die dir am wichtigsten im Leben ist?

Was macht dir am meisten Vergnügen?

Was kannst du am besten beurteilen?

Worauf freust du dich am meisten im Alter?

Was fürchtest du am meisten im Alter?

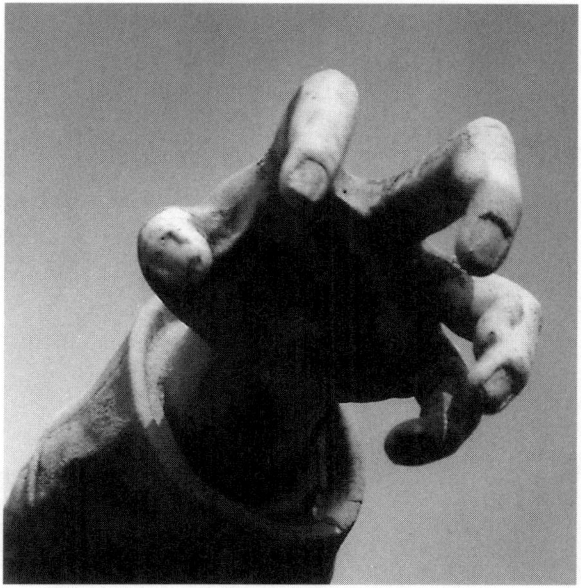

Was war die größte Schwierigkeit,
in die du dich je selbst gebracht hast?

Wann hast du dich am weitesten von zu Hause weg gefühlt?
Wann warst du am weitesten von zu Hause weg?

Wann warst du am frohsten, nach Hause zu kommen?

Worüber warst du am meisten schockiert in deinem Leben?

Wer ist dein größter Held in der Geschichte?

Was war das beste Telefongespräch, das du je geführt hast?

Wann warst du in deinem Leben
am meisten eifersüchtig?

Was war der bedeutendste Anlass, an dem du je teilgenommen hast?

Was war die größte Sache, mit der du davongekommen bist?

Was war das Beste, was du je gefunden hast?

Welcher deiner Partner war im Bett am lautesten?

Womit hast du dich selbst am meisten schockiert?

In welchem Bereich hast du am meisten Selbstdisziplin?

Wo auf der Welt hast du dich am sichersten gefühlt, wo am unsichersten?

Wann hattest du am meisten Spaß in deinem Leben?

Wer deiner Freunde hat den schlechtesten ersten Eindruck auf dich gemacht?

Wann warst du am verschwiegensten in deinem Leben?

Welchem Menschen gibst du am häufigsten das Gefühl, schuldig zu sein?

In welchem Bereich bist du am ehrgeizigsten?

Was schätzt du an deiner Mutter am meisten?

Was ist das Schönste, was du je gesehen hast?

Was fällt dir als Erstes an einem Menschen auf?

In welchem Land leben für dich die bestaussehenden Menschen?

Was ist dein größter Fehler?

Welche Erfahrung, die du bisher nicht gemacht hast,
wünschst du dir am meisten?

Bei welcher Gelegenheit hast du am besten ausgesehen?

Wann hast du es am schwierigsten gefunden,
in den Spiegel zu schauen?

Welche physische Erscheinung würdest du
bei einem Partner am wenigsten tolerieren?

Was ist das Dümmste, was du zurzeit tust, um besser auszusehen?

Was wäre das Äußerste, was du tun würdest, um besser auszusehen?

Was ist der beste Ort, um sich zu verstecken?

Was war das beste Geschenk, das du je bekommen hast?

Wessen Abwesenheit hast du am deutlichsten
in deinem Leben gespürt?

Welches war der beste Wunsch, der dir je erfüllt wurde?

Was ist das Kühnste, das du je mit jemandem gemacht hast,
der nicht dem Geschlecht angehört,
das du normalerweise sexuell bevorzugst?

Was ist das schönste Wort für dich?

Wann warst du am meisten verliebt in deinem Leben?

Womit missbrauchst du deinen Körper am meisten?

In welcher Zeit hättest du am wenigsten gern gelebt?

Was ist dein Lieblingsspiel?

Was ist der größte Kompromiss, den du je eingegangen bist?

Was ist der deutlichste Beweis für Freiheit in deinem Leben?

Was ist für dich das beste Beispiel für Tugend?

Wen hast du am meisten in deinem Leben gefürchtet?

Welche Position beim Sex fandest du physisch am herausforderndsten?

Was würde dich am schnellsten verrückt machen?

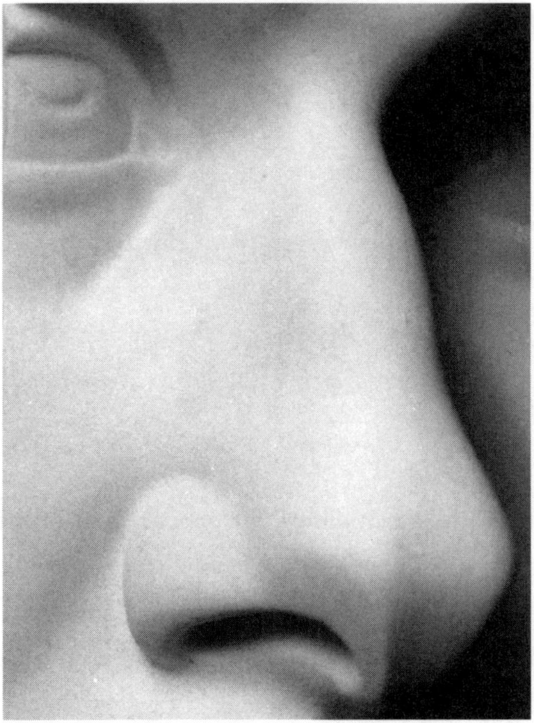

Was hättest du am liebsten am Aussehen deines Kindes geändert, als es in die Pubertät kam?

Was war die schnellste Flucht, die du je ergreifen musstest?

Vor welcher Erfahrung fürchtest du dich am meisten?

Was ist dir der größte Dorn im Auge?

Was hasst du am meisten an ehrgeizigen Menschen?

Was bewunderst du am meisten an ehrgeizigen Menschen?

Wessen Talent beneidest du am meisten?

Zu welcher Zeit in deinem Leben warst du am ehrgeizigsten?

Was interessiert dich im Moment am meisten?

Mit welchem Menschen hast du am schnellsten Freundschaft geschlossen?

Mit wem bist du am schnellsten ins Bett gegangen?

In welcher Situation kannst du deine Gefühle am schlechtesten kontrollieren?

Was machst du nach dem Sex am liebsten?

Was ist die beste Eigenschaft, die du von deinen Eltern geerbt hast?

Was ist der größte Fehler, den du als Eltern je gemacht hast?

Welches war das schönste Jahr mit deinen Kindern?

Was musst du am dringendsten
in deinem Leben ändern?

Was ist die schönste Erinnerung an deine Kindheit?

Was ist deiner Meinung nach für einen Jugendlichen heutzutage am schwierigsten?

Welches Wort charakterisiert deine Eltern am besten?

Was würdest du am liebsten einmal von deinem Vater hören?

Mit wem sprichst du am meisten über Sex?

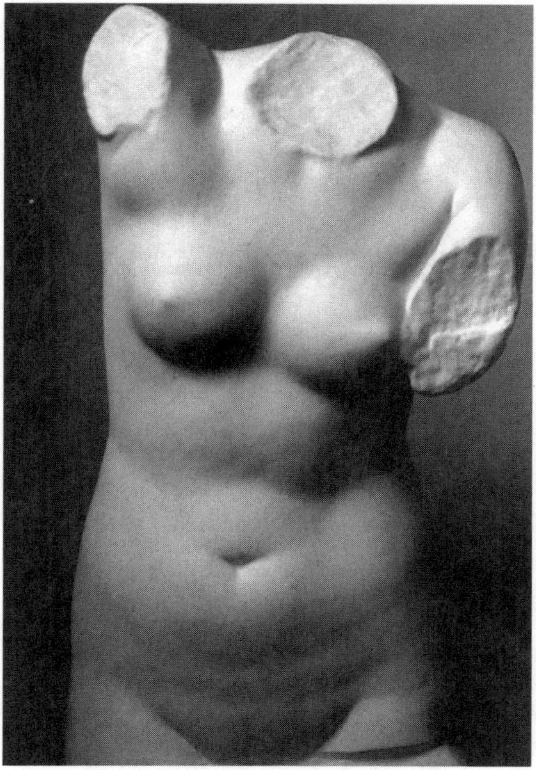

Was kritisierst du am meisten an dir?

Was ist die Sache, die dir an deinem Leben am besten gefällt?

Vor welcher Nachricht fürchtest du dich am meisten?

Was ist deine schlimmste Abhängigkeit?

Welche deiner Eigenschaften nimmt die Leute
am meisten für dich ein?

Was ist das Verwegenste, was du je getan hast?

Was möchtest du am meisten in deinem Leben ändern?

Was gefällt dir an deinem Leben am besten?

Was ist das Beste an der Tatsache,
in unserer heutigen Zeit zu leben?

Welcher Ort beruhigt dich am meisten?

In welcher Situation übertreibst du am meisten?

Was war der beste Empfang in deinem Leben?

Was war der schlimmste Abschied in deinem Leben?

Was war der schlimmste Unfall, den du je hattest?

Wann hat dir deine Intuition am meisten geholfen?

Welche Angewohnheit würdest du am liebsten ablegen?

Was würdest du am liebsten nicht mehr tun?

Wen beneidest du am meisten um sein Glück?

Was reduziert dein Selbstwertgefühl am schnellsten?

In welcher Situation vertraust du am meisten auf deine Eltern?

In welchem Bereich hast du selbst die größten Bedürfnisse?

Welches Wort benutzt du zu viel?

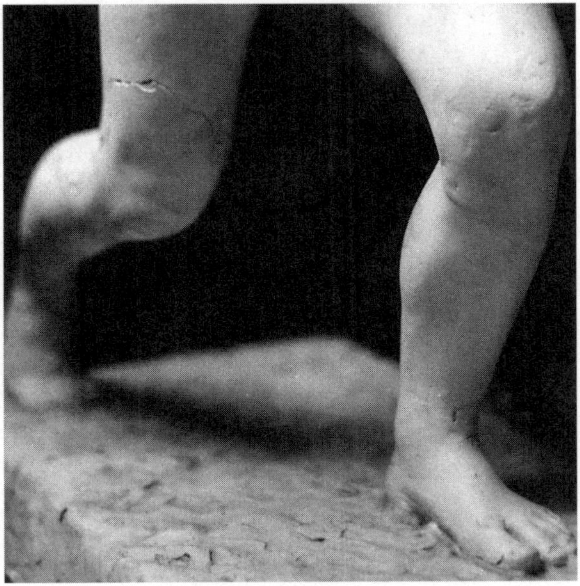

Was könntest du deinem Partner am wenigsten vergeben?

Wie flirtest du am besten?

Was würdest du am liebsten an Männern ändern und was an Frauen?

Bei welchem Problem würdest du dir gerne von einem Therapeuten helfen lassen?

Welchen Menschen würdest du als Erstes zu einem Psychotherapeuten schicken?

Welche Frage vermeidest du am meisten?

Was ist das Unerklärlichste, das du je getan hast?

Was ist das Ungewöhnlichste an dir?

Was ist das Beste an der Tatsache, eine Frau zu sein?
Was ist das Beste an der Tatsache, ein Mann zu sein?

Was war der größte Fehler, den du je
in einer Beziehung gemacht hast?

Womit gibst du gegenüber deinem Partner am meisten an?

Was liebst du an deinem Partner am meisten?

Was ist der größte Vorzug, den du gegenüber deinem Partner hast?

Was ist das Beste, was du je für deinen Partner getan hast?

Was ist das Schwierigste an einer Ehe?

Was ist das Beste an deiner Ehe?

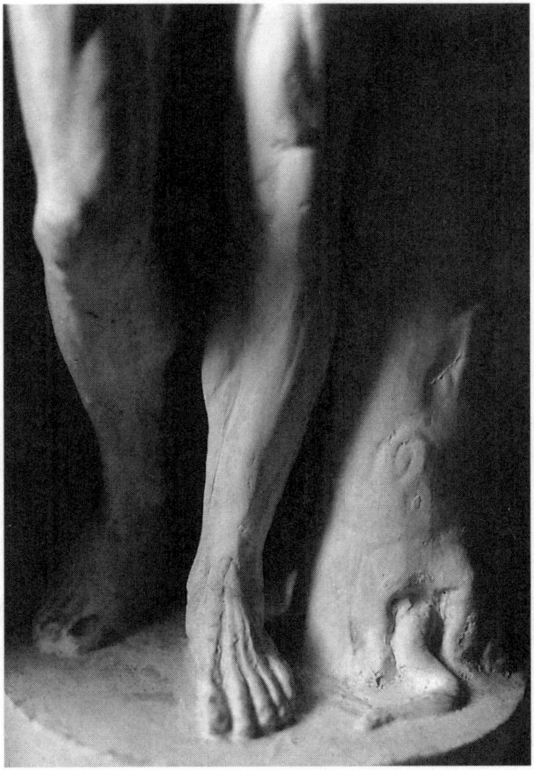

Was war deine größte körperliche Leistung?

In welcher Situation hast du alle Brücken hinter dir abgebrochen?

Was macht dich am schnellsten nervös?

Was ist dein größter Beitrag für die Gesellschaft?

Bei was bist du am habgierigsten?

Was macht dich am schnellsten wütend?

Welcher Mensch verdient es am meisten,
für etwas belohnt zu werden?

Welches Naturereignis würdest du gerne erleben?

Wann am Tag magst oder brauchst du am meisten Ruhe?

Welcher Teil eines weiblichen Körpers fasziniert dich am meisten?
Welcher Teil eines männlichen Körpers?

Was ist das Sinnloseste, was du besitzt?

Was ist das Wertvollste, was du besitzt?

Was ist das Verrückteste, was du je in einem Auto gemacht hast?

Was war der schlimmste Ausdruck,
mit dem dich jemand charakterisiert hat?

Was würdest du am liebsten in deinem Haus
oder deiner Wohnung ändern?

Was stellt dich am meisten zufrieden?

Was war der romantischste Abend in deinem Leben?

Was war das praktischste Kleidungsstück, das du je besessen hast?

Was war die beste Rache, die du an jemandem genommen hast?

Was war die schlimmste Rache, die jemand an dir genommen hat?

Was ist der beste Beweis für Schicksal oder Vorhersehung in deinem Leben?

Was war die irrationalste Entscheidung, die du je getroffen hast?

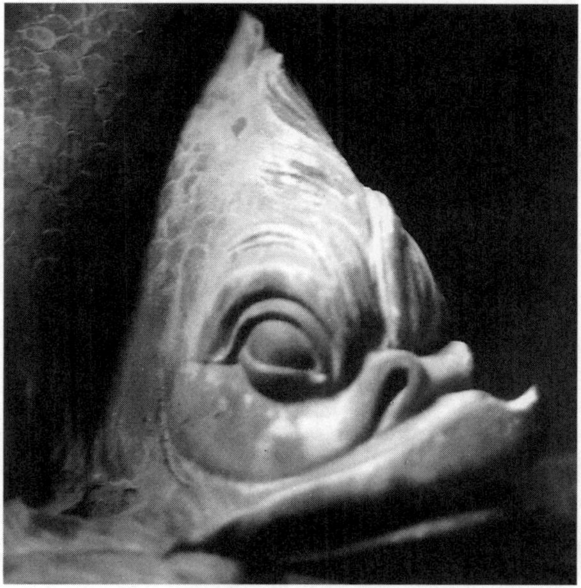

Was ist die stärkste Droge, die du je genommen hast?

Was ist deine schlechteste Angewohnheit?

Was war deine unangenehmste Erfahrung mit Alkohol?

Was war die schlimmste Depression, die du je erlebt hast?

Was war das Niederträchtigste, das du je getan hast?

Was mögen deine Kinder am liebsten an dir?

Was ist der größte Gefallen, den du je einem Freund getan hast?

Was mochten deine Eltern als Kind am meisten an dir?

Was mögen deine Eltern heute am meisten an dir?

Was gefällt dir an der Kirche am besten, was am wenigsten?

Was wäre für dich die schlimmste Form wieder geboren zu werden?
Was wäre die beste?

Wenn du betest, wofür betest du am häufigsten?

Was stellt deinen Glauben an eine höhere Gewalt am meisten in Frage?

Welcher Religion kannst du am wenigsten abgewinnen?

Wofür würdest du nie beten?

Welcher Mensch kommt für dich einem Engel am nächsten?

Was war das größte Opfer, das jemand für dich gebracht hat?

Was war das schlimmste Unwetter, das du je erlebt hast?

Was war das schlimmste Jahr in deinem Leben?

Welcher Freund hat dich am meisten enttäuscht?

Was war die größte Summe Geld,
die du je an einem Tag verdient hast?

Was war die dümmste Ausrede,
die du in deinem Leben gebraucht hast?

Was war das wichtigste spirituelle Erlebnis in deinem Leben?

Was ist die unangenehmste Eigenschaft
deines Partners oder deiner Partnerin?

Welche deiner Eigenschaften findet dein Partner,
deine Partnerin an dir am unangenehmsten?

Wann hattest du am meisten Sex an einem Tag?

Was wäre der höchste Preis,
den du für wirklich guten Sex zahlen würdest?

In welcher Situation wärst du gerne unsichtbar?

Wofür hast du in deinem Leben am meisten gekämpft?

Welche Sache hatte am meisten Einfluss auf dein Leben?

Was hat dein Leben am dramatischsten geändert?

Was macht das Leben für dich am lebenswertesten?

Was war die schwierigste Prüfung, die du je ablegen musstest?

Was ist die wichtigste Pflicht, der du regelmäßig nachgehst?

Was wäre für dich der schnellste Weg in die Hölle?

Wie könntest du dein Karma am besten ändern?

Wer aus deiner Familie erstaunt dich immer wieder am meisten?

Was ist die beste Stelle, um berührt zu werden?

Was ist die beste Stelle, einen anderen zu berühren?

Für welche Erkenntnis hast du in deinem Leben am längsten gebraucht?

Wann war die einsamste Zeit in deinem Leben?

Wie viel Zeit musst du mindestens mit deinen Kindern jede Woche verbringen, um nicht das Gefühl zu haben, dass du sie vernachlässigst?

Wann hast du am längsten gebraucht,
um zu einem Orgasmus zu kommen?

Was ist der größte Altersunterschied,
den du dir bei einem Partner vorstellen könntest?

Was war das schwierigste Versprechen, das du je halten musstest?

Wem gegenüber hast du die meisten Vorurteile?

Was ist für dich der bewundernswerteste Beruf?

Was ist die höchste Belohnung,
die du für ein entlaufenes Haustier aussetzen würdest?

Was war die schwierigste Frage, die du je beantworten musstest?

Was würde dich dazu bringen zu töten?

Was ist der erfüllteste Bereich in deinem Leben?

Was war der größte Misserfolg in deinem Leben?

Was war das höchste Lob, das du je erhalten hast?

Was war das höchste Lob, das du je ausgesprochen hast?

Welche Sache würdest du gerne noch mal neu anfangen?

Welche Sache würdest du gerne zu einem Ende bringen?